Lena Heinrich

Offener Unterricht

GRIN Verlag

Bibliografische Information der Deutschen Nationalbibliothek:

Die Deutsche Bibliothek verzeichnet diese Publikation in der Deutschen National-
bibliografie; detaillierte bibliografische Daten sind im Internet über http://dnb.d-
nb.de/ abrufbar.

Impressum:

Copyright © 2007 GRIN Verlag GmbH
Druck und Bindung: Books on Demand GmbH, Norderstedt Germany
ISBN: 978-3-640-43425-1

Dieses Buch bei GRIN:

http://www.grin.com/de/e-book/135170/offener-unterricht

GRIN - Your knowledge has value

Der GRIN Verlag publiziert seit 1998 wissenschaftliche Arbeiten von Studenten, Hochschullehrern und anderen Akademikern als eBook und gedrucktes Buch. Die Verlagswebsite www.grin.com ist die ideale Plattform zur Veröffentlichung von Hausarbeiten, Abschlussarbeiten, wissenschaftlichen Aufsätzen, Dissertationen und Fachbüchern.

Besuchen Sie uns im Internet:

http://www.grin.com/

http://www.facebook.com/grincom

http://www.twitter.com/grin_com

Lena Heinrich

Offener Unterricht -

offene Lehr- und Lernformen

Inhaltsverzeichnis

1. Einleitung

In dieser Ausarbeitung wird es darum gehen, welche Merkmale offene Lehr- und Lernformen ausmachen, warum es nützlich sein kann, diese Ideen in die eigene Unterrichtsplanung mit einzubeziehen und warum viele Pädagogen der Meinung sind, dass dies sogar notwendig ist.

In erster Linie soll es um die Darstellung verschiedener Ansichten ausgewählter Pädagogen zum Thema „Öffnung des Unterrichts" gehen. Wie sich Hans Brügelmann die Umsetzung eines offenen Unterrichtskonzeptes im Einzelnen vorstellt und wie sich die Lehrerrolle darstellt, soll im folgenden thematisiert werden. Anschließend werden Falko Peschels Vorstellungen von offenem Unterricht näher erläutert.

Nach dieser Einführung in unterschiedliche Konzepte, wird die Stationenarbeit als Beispiel für eine offene Unterrichtseinheit aufgegriffen und erklärt.

Abschließend werden die Ergebnisse noch einmal zusammengefasst und ein Fazit gezogen.

2. Was ist Offener Unterricht und was spricht für ihn?

Zunächst einmal kann man sich fragen, warum offene Lehr- und Lernformen heutzutage sinnvoll sein können und welche Merkmale für offene Unterrichtsformen typisch sind.

Im Gegensatz zu früher besteht heute eine neue Situation: veränderte Familienkonstellationen (allein erziehend, Patchworkfamilien etc.) sind für eine veränderte Kindheit verantwortlich. Es gibt Einzelkinder, die es gewohnt sind, dass man auf sie besonders eingeht und es gibt Kinder, die aus verschiedenen Gründen völlig auf sich allein gestellt sind.[1] Hinzu kommt der Einfluss der Medien. Sie wirken in hohem Maße auf die Erfahrungswelt der Kinder ein. Die Kinder erleben die Wirklichkeit immer weniger direkt, die Grundschule muss daher das Handeln und Erfahren der Schüler verstärken. Die Schule sollte Erfahrungen in der Gruppe ermöglichen, aber auch jedem Kind Rückzug gewähren, wenn es dies wünscht.

---

[1] vgl. Lyding, Inge / Vogelsaenger, Wolfgang (o.J.): Handreichungen für Lehrer zum offenen Unterricht: Ordnung ist das halbe Lernen. Hrsg. von ELBA Bürosysteme, Wuppertal, S. 4

Zu den eben genannten Gesichtspunkten kommt die Tatsache hinzu, dass es kaum noch homogene Lerngruppen gibt, die Heterogenität der Lernenden muss zunehmend berücksichtigt werden. *„Heterogenität [bezieht sich] vor allem auf die unterschiedlichen Voraussetzungen, Muster, Erfahrungen der lernenden Kinder [...] - es sind heute sowohl erhebliche kulturelle und soziale Unterschiede als auch gravierende sprachliche, kognitive und motivationale Entwicklungsunterschiede zu konstatieren."*[2]

Diese Sachlage stellt neue Anforderungen an den Unterricht. Ein lehrerzentrierter Unterricht allein kann dies kaum leisten, die Integration offener Arbeitsformen ist daher sinnvoll.

Dabei ist es auch sehr förderlich, die Kinder direkt an anstehenden Entscheidungen partizipieren zu lassen. Das heißt, man sollte die Kinder an der Unterrichtsplanung mitbestimmen und mitwirken lassen.

Ursula Drews vertritt die Meinung, dass die Idee des Offenen Unterrichts von der Grundannahme ausgehe, dass das *„Lernen [...] ein natürliches Bedürfnis von Kindern [sei], mehr über die Welt zu erfahren, also für sich zu lernen [...] und nicht für die Schule, die Noten, die Anerkennung der Erwachsenen."*[3]

Daraus folgend kann man sagen, dass beim Offenen Unterricht eine Auseinandersetzung des Kindes mit individuellen Lernaufgaben im Vordergrund stehen sollte. Dadurch, dass der Lernende selbst bestimmen und mitreden kann, wird seine Lernmotivation enorm gesteigert. Auch Falko Peschel *„zielt im sozialen Bereich auf eine möglichst hohe Mitbestimmung bzw. Mitverantwortung des Schülers bezüglich der Infrastruktur der Klasse, der Regelfindung [...] sowie der gemeinsamen Gestaltung der Schulzeit ab."*[4]

Renate Heusinger hält es für erforderlich, auch bei offenen Unterrichtsformen, Regeln aufzustellen: Es sollte beispielsweise für eine Arbeitsphase festgelegt sein, dass man nur leise miteinander redet, seinen Mitschülern hilft und es sollte klar sein, dass man seinen Arbeitsplatz aufgeräumt verlässt. Auch Regeln zum Arbeitsverhalten

---

2 Drews, Ursula / Wallrabenstein, Wulf (Hrsg.) (2002): Freiarbeit in der Grundschule. Offener Unterricht in Theorie, Forschung und Praxis. Grundschulverband - Arbeitskreis Grundschule e.V., Frankfurt am Main, S. 19

3 Drews, S. 20

4 Peschel, Falko (2002): Offener Unterricht, Teil I: Allgemeindidaktische Überlegungen, Hohengehren, S. 78

seien sehr sinnvoll.[5] Alle angesprochenen Punkte sind von der Lehrkraft situationsbedingt abzustimmen und *„gestehen den Kindern bei der Organisation ihres Lernens eigene Entscheidungsmöglichkeiten zu."*[6]

3. Offener Unterricht bei Hans Brügelmann

Hans Brügelmann stellt in seinem Aufsatz „Die Öffnung des Unterrichts muß radikaler gedacht, aber auch klarer strukturiert werden" fest, dass es bereits in den 1970er Jahren einen *„Anspruch einer Offenheit von Unterricht"*[7] gegeben hat. Fast dreißig Jahre später ist festzustellen, dass nur wenige Lehrkräfte die Möglichkeit zur Öffnung ihres Unterrichts nutzen.

Vielmehr sind – so Brügelmann - die *„Aufgaben stereotyp und auf blinde Wiederholung"*[8] angelegt, so dass das selbständige Handeln und die Partizipation der Schüler kaum gewährleistet sind.

Brügelmann plädiert dafür, dass die Offenheit *„anspruchsvoller, aber auch präziser"*[9] definiert werden müsse. Die Offenheit schließe Strukturen nicht aus, sondern setze sie voraus.[10]

Brügelmann spricht von *„Dimensionen der Öffnung des Unterrichts"*[11], wobei die höheren immer die niedrigen voraussetzen, dazu nun mehr:

Die erste Dimension bezeichnet Brügelmann als *„methodisch-organisatorische Öffnung"*[12]. Hier werden die Aufgaben vorgegeben, wobei diese variieren können (Auswahl durch Schüler oder nach Leistungsstand durch Lehrkraft). Es wird auf die *„Unterschiede zwischen den Kindern"*[13] auf einer lernpsychologischen Ebene eingegangen.

Die zweite, auf die erste aufbauende, Dimension ist bei Brügelmann die *„didaktisch-inhaltliche Öffnung von Unterricht"*[14]. Es ist nicht nur die Wahl der Aufgaben offen, sondern es sind auch die Anforderun-

---

5 vgl. Drews, S.114ff
6 Drews, S. 115
7 Brügelmann, Hans (1997): Die Öffnung des Unterrichts muss radikaler gedacht werden, aber auch klarer strukturiert werden. In: Balhorn / Niemann (Hrsg.): Sprachen werden Schrift. Mündlichkeit – Schriftlichkeit – Mehrsprachigkeit, Lengwil (CH), S. 43
8 ebd.
9 Brügelmann, S. 44
10 vgl. Brügelmann, S. 44
11 Brügelmann, S. 45
12 ebd.
13 ebd.
14 Brügelmann, S. 47

gen offen, die die Aufgaben an den Lernenden stellen. Diese Dimension begründet sich entwicklungspsychologisch. Der Schüler kann zwar nicht an der Unterrichtsplanung mitwirken, er übernimmt aber mehr Verantwortung als bei der ersten Dimension.

Die dritte Dimension, die *„pädagogisch-politische Öffnung der Schule"*[15] geht in der Entwicklung noch einen Schritt weiter. Sie fundiert sich auf einer bildungstheoretischen Öffnung von Unterricht. Hier sollen Lerngruppe und Lehrkraft gemeinsam Aufgaben anfertigen und überprüfen. Das selbständige Lernen wird gefördert und die Partizipation aller Beteiligten befürwortet.

Die Rolle der Lehrkraft im Offenen Unterricht sieht Brügelmann als *„BegleiterInnen von Lernprozessen, in die sie zwar bestimmte Inhalte einbringen, deren Wirkung auf die SchülerInnen sie aber nie determinieren wollen"*[16]. Die Aufgabe stellt für Lehrer, die ihren Unterricht offen gestalten, eine *„Herausforderung"*[17] dar. Als Ziel soll erreicht werden, dass die Urteilsbildung der Kinder gefördert wird und ihre Vorstellungen sich weiter entfalten, indem die Lehrkraft die Kinder fordert.

Als erstes führt Brügelmann die Punkte an, durch die der Lehrer seine Lerngruppe herausfordert. Beispielsweise konfrontiert die Lehrkraft die Kinder mit einer Sachlage und lässt sie darüber diskutieren.

Die Offenheit der Lehrkraft *„besteht darin, daß nicht eine bestimmte Deutung vorgegeben ist. Aber [sie] überlässt die Vielfalt der Sichtweisen nicht dem freien Spiel der Kräfte. Sie fordert die Deutungen [...] der Kinder dadurch heraus, daß sie immer wieder [Zweifel aufwirft und] auf die Sache verweist."*[18]. Hierbei ist entscheidend, dass der Lehrer Sachexperte ist, *„nicht um zu belehren, sondern um die Sache zur Herausforderung werden zu lassen"*[19].

Als Lehrer steht man immer Personen – den Schülern – gegenüber, die man, so Brügelmann, als Partner ansehen soll. Auf diese Weise kann sich das Kind besser entwickeln, wenn es eigene alternative

---

15 Brügelmann, S. 48
16 Brügelmann, S. 50
17 Brügelmann, S. 49
18 Brügelmann, S. 50
19 Brügelmann, S. 51

Deutungen, die als mögliche Interpretation eines Problems vom Lehrer ernst genommen werden, mit einbringen darf.

Eine weitere Herausforderung ist die Tatsache, dass die Schule „*die erste Institution im Leben eines Kindes*"[20] ist. In der Grundschule stellt dies eine Ambivalenz her, da die Lehrerin zugleich eine vertraute Ansprechpartnerin der Kinder ist, aber auch als „*Inhaberin eines Amtes in der Institution*"[21] fungiert. Die Lehrkraft muss die Kinder sowohl zur Selbständigkeit erziehen, als auch gesellschaftliche Ziele erfüllen, indem sie selektiv vorgeht.

4. Offener Unterricht bei Falko Peschel

Falko Peschel geht mit seiner Forderung nach offenen Unterricht sogar noch weiter. Er sieht gar eine „*Notwendigkeit einer 'Qualitätssicherung' offenen Unterrichts*"[22] und beklagt, ähnlich wie Brügelmann, „*die Trägheit, mit der offener Unterricht Einzug in die Schulen hält*"[23].

Er unterscheidet bei seinem Versuch, offenen Unterricht zu definieren, ebenso wie Brügelmann und andere Autoren, zwischen verschiedenen Dimensionen offenen Unterrichts: Er differenziert zwischen organisatorischen, methodischen und inhaltlichen Dimensionen, die sich auf die Aneignung von Wissen beziehen, und sozialen und persönlichen Dimensionen, die gewissermaßen miteinander verbunden sind. Diese Dimensionen, die nicht immer gleichwertig zum Einsatz kommen, schließen Aspekte der Rahmenbedingungen ein, wie auch des Lernwegs, des zu Lernenden etc.[24]

Peschels Intention ist es, „*eine Mindestanforderung an 'offenen Unterricht' zu formulieren bzw. eine Einstufungshilfe für die Öffnung von Unterricht vorzugeben, damit eine Abgrenzung zu anderen Formen offenen Unterrichts vorgenommen werden kann.*"[25]. Um Unterricht in Bezug auf seine Offenheit näher beurteilen zu können, führt Peschel - aufbauend auf Brügelmann - ein Stufenmodell ein, bei dem

---

20 Brügelmann, S. 52
21 ebd.
22 Drews, S. 163
23 ebd.
24 vgl. Peschel I, S. 77
25 Peschel I, S. 76

die soeben erläuterten Dimensionen als „*Öffnungskriterien*"[26] gelten können.

Die Stufe 0 sieht Peschel lediglich als Vorstufe. Der Unterricht ist zwar geöffnet, aber nicht offen, da es lediglich eine organisatorische Öffnung gibt, es gibt aber weder eine methodische, noch eine inhaltliche Offenheit, da durch Schulbücher etc. die Arbeitsaufträge fest vorbestimmt sind. Gegen einen offenen Unterricht spricht auch das zu große Einwirken des Lehrers, und dass alternative Lernwege unerwünscht sind. Dies widerspricht einem „*autonomen Lernen*"[27].

Die Stufe 1 ist bei Peschel eine Öffnung der Methodik. Er sieht diese Stufe als eine „*Grundbedingung für jegliche ‚Öffnung'* "[28], da „*Lernen ein eigenaktiver Prozess ist*"[29]. Demnach sind alle denkbaren Lernwege erlaubt, und der Lehrer agiert bei der Lösungsfindung passiv, damit er das eigenständige Erarbeiten und Lösen der Aufgabe durch das Kind nicht blockiert.

Die nächste Stufe (2) greift zusätzlich zur methodischen, noch die inhaltliche Öffnung auf. Man kann von einer hohen Motivation und einem effektiveren Lernerfolg ausgehen, wenn man Dinge erlernt, für die man sich, auf Grund von persönlichem Interesse, frei entscheiden darf. Trotz des Öffnungszusatzes „*lässt [der Lehrer] den Kindern [zwar] größtmöglichen Raum, ohne aber die Fäden aus der Hand zu geben*"[30].

Die Stufe 3 öffnet den Unterricht auf sozial-integrativer Ebene. Sie „*ist als Ergänzung eines jeden Unterrichts auf der Ebene des sozialen Miteinanders zu verstehen.*"[31]. Ähnlich wie Brügelmann, fordert auch Peschel, dass der Lerngruppe mehr Partizipation eingeräumt wird. Es sollten demokratische Ideen aufgegriffen werden. Die Konsequenz daraus ist, dass der Lehrer eine gleichberechtigte Rolle gegenüber der Lerngruppe einnimmt.

---

26 Peschel I, S. 86
27 Peschel I, S. 88
28 ebd.
29 ebd.
30 Peschel I, S. 89
31 Peschel I, S. 89

5. Beispiel für eine offene Lehr- und Lernform: die Stationenarbeit

Die Idee des Stationenlernens stammt ursprünglich aus dem Leistungssport, wo verschiedene Übungen unterschiedlicher Anforderungen zu einem Zirkel zusammengefasst werden; vor etwa zwanzig Jahren ist dieses Konzept auch auf andere Fachdisziplinen - wie zum Beispiel auf die Grundschulpädagogik - übertragen worden.[32]

Man baut die Stationen - unabhängig um welches Fach es sich handelt - an verschiedenen Plätzen auf, zum Beispiel an Klassentischen, aber auch andere Orte außerhalb des Klassenraums (Sportplatz etc.) sind denkbar. Die Arbeitsaufträge der Stationen sollten möglichst unterschiedliche Zugangsweisen berücksichtigen. Die Aufgaben stehen in einem thematischen Zusammenhang, es steht den Kindern meist offen, in welcher Reihenfolge sie die Stationen bearbeiten.

Die Bearbeitung der einzelnen Stationen kann mittels eines Laufzettels dokumentiert werden. Durch spezielle Zusatzstationen kann man Leistungsstarke motivieren. Die Lehrkraft sollte für ihr Projekt genug Zeit einplanen, eine Doppelstunde ist daher empfehlenswert.

Mit dieser Methode kann man einige wichtige Lernziele erreichen: Die Kinder eignen sich selbständig Wissen an und lernen durch ihr aktives Handeln. Die Erweiterung und Vertiefung von Wissensgebieten ist vorstellbar, und das Sozialverhalten wird positiv beeinflusst.

Mit dem Stationenlernen ist eine Binnendifferenzierung möglich, da jedes Kind individuell gefördert wird, indem man die Lerngeschwindigkeit und den Lerntyp würdigt. Die Lehrkraft kann Medien einsetzen, die eher selten berücksichtigt werden z.B. Internetrecherche, Videokamera. Durch Pflicht- und Zusatzaufgaben wird man dem unterschiedlichen Leistungsniveau gerecht. Nachteilig ist lediglich ein hoher Vorbereitungsaufwand des Lehrers, der sich aber dennoch lohnen kann.

---

[32] http://widawiki.wiso.uni-dortmund.de/index.php/Stationenarbeit

6. Fazit

Es spricht vieles dafür, offenen Unterricht zu praktizieren. Kinder, denen Selbständigkeit zugesprochen wird, lernen meist mit mehr Enthusiasmus, als Kinder, denen stur alles vorgegeben wird. Selbständig lernende Kinder fühlen sich ernst genommen. Auch Peschel meint, dass *„für die Kinder, da das Arbeiten in der Schule von ihnen selbst gesteuert und interessegeleitet verläuft, keine Notwendigkeit [besteht], sich vor dem Weiterlernen zu drücken.“*[33]. Soziale Kompetenzen wie Kompromissbereitschaft, Kommunikationsfähigkeit und die Fähigkeit in einer Gruppe zu arbeiten werden durch den Offenen Unterricht gefördert.

Außerdem fangen die Kinder durch ihr Mitentscheidungsrecht an, früh Verantwortung zu übernehmen. Für den Lehrer hat offener Unterricht sicher den Vorteil, dass er mehr Zeit hat, auf einzelne Schüler einzugehen.

Wenn eine Öffnung des Unterrichts gelingt, so folgt daraus ein selbständiges Lernen der Schüler, welches *„von den Interessen, Wünschen und Fähigkeiten der Schüler/innen bestimmt wird“*[34] – ein Ziel, das jeder Lehrer verfolgen sollte, da interessanter Unterricht allen Beteiligten Spaß bereitet...

7. Literaturangaben

• Brügelmann, Hans (1997): Die Öffnung des Unterrichts muss radikaler gedacht werden, aber auch klarer strukturiert werden. In: Balhorn / Niemann (IIrsg.): Sprachen werden Schrift. Mündlichkeit – Schriftlichkeit – Mehrsprachigkeit, Lengwil (CH)

• Drews, Ursula / Wallrabenstein, Wulf (Hrsg.) (2002): Freiarbeit in der Grundschule. Offener Unterricht in Theorie, Forschung und Praxis. Grundschulverband - Arbeitskreis Grundschule e.V., Frankfurt am Main

---

33 Peschel, Falko (2002): Offener Unterricht, Teil II: Fachdidaktische Überlegungen, Hohengehren, S. 246
34 Peschel I, S. 78

- Lyding, Inge / Vogelsaenger, Wolfgang (o.J.): Handreichungen für Lehrer zum offenen Unterricht: Ordnung ist das halbe Lernen. Hrsg. von ELBA Bürosysteme, Wuppertal

- Peschel, Falko (2002): Offener Unterricht, Teil I: Allgemeindidaktische Überlegungen & Teil II: Fachdidaktische Überlegungen, Hohengehren

- www.semrs.aa.bw.schule.de/statione.htm (28.08.06)

- widawiki.wiso.uni-dortmund.de/index.php/Stationenarbeit (28.08.06)